Kommt, wir fangen einen Regenbogen

Rolf Krenzers Spiellieder, Reime
und Gedichtesammlung
zu Jahreszeiten und Festen

Mit Illustrationen von Karin Schliehe

Herder Freiburg · Basel · Wien

Alle Rechte vorbehalten – Printed in Germany
© Verlag Herder Freiburg im Breisgau 1997
Druck und Bindung: Freiburger Graphische Betriebe 1997
Umschlaggestaltung: Hermann Bausch, Freiburg
unter Verwendung einer Illustration von Karin Schliehe, Reutlingen
ISBN 3-451-23797-0

Vorwort

Als ich vor mehr als dreißig Jahren meinen eigenen Kindern und den Kindern, die mir in der Schule anvertraut waren, die Geschichten von Mio, mein Mio, von Rasmus und dem Landstreicher, von Pippi Langstrumpf und Lillebror und Karlsson vom Dach vorlas, da konnten sie nicht genug davon bekommen, wollten sie immer und immer wieder hören, und ich mußte manches Buch zwei- und dreimal hintereinander vorlesen. Ganz ähnlich war es mit den Gedichten von James Krüss und Josef Guggenmos.

Als ich mich mit jungen Eltern, die einmal meine Schülerinnen und Schüler gewesen waren, einmal traf, erzählten sie übereinstimmend, daß die Stunden, in denen ich Geschichten und Gedichte vorgelesen hatte, die schönsten und unvergeßlichsten Stunden in der Schule überhaupt gewesen waren. Und ihren eigenen Kindern lasen sie das wieder vor, was sie damals von mir gehört hatten.

Da wurden dann auch plötzlich Gedichte laut aufgesagt. Gedichte, die sie damals gehört und gelesen hatten. Niemals hatte ich ihnen aufgegeben, sie auswendig zu lernen. Sie hatten sie so geliebt, daß sie bis jetzt in ihnen waren: das Königreich von Nirgendwo . . .

Frieda, die Letzte . . . oder Guggenmos' Gedicht von den sieben Bären.

Ich bin stolz darauf, mehr noch, glücklich darüber, daß viele dieser Lieder aus meinen Texten entstanden sind, sie als Grundlage haben. Lieder, die auch besonders gern und häufig dann im Familiengottesdienst oder dort gesungen werden, wo Erwachsene und Kinder sich bei etwas treffen wollen, was ihnen beiden Freude macht, was beide können, nämlich singen und spielen.

Gedichte kann man sprechen, aber auch spielen und singen. Dadurch werden die Emotionen, die in dem einzelnen Gedicht wohnen, noch stärker. Sie berühren auch stärker. Ein Gedicht wird zum Lied und kann darauf von vielen zur gleichen Zeit gemeinsam gesungen werden. Ja, es läßt sich sogar in einem Spiel gestalten und wird so zu einem ganz besonderen Erlebnis, an das man sich immer wieder gern erinnert: an das Spiel, das Lied und damit auch an das Gedicht selbst, durch das dies alles überhaupt erst möglich wurde.

Daneben stehen Gedichte, die nachdenklich und ernst beginnen und am Ende auf ihre Weise etwas Hoffnung, vielleicht sogar Fröhlichkeit vermitteln. Nicht anders ist es beim Kabarett. Hier stehen Ernst und Ausgelassenheit, Sinn und Unsinn, Weinen und Lachen ganz dicht neben- oder hintereinander. Oft werden auch gleiche Aussagen auf unterschiedliche Weise noch einmal wiederholt, um sie zu vertiefen, zu verdeutlichen und ihre Problematik brennender zu machen.

Man wird in dieser Sammlung viele Gedichte wiederfinden, die man irgendwann bereits einmal als Lied kennengelernt hat. Daneben stehen dann ganz neue Gedichte, die mir bei der Zusammenstellung ebenso wichtig waren. Wichtig, ganz besonders wichtig ist auch, daß ich bewußt nicht nach Gedichten für Kinder und für Erwachsene unterschieden habe, sondern alle gleichwertig nebeneinanderstehen. Wer will denn wissen, ob für ein Kind in einer bestimmten Situation nicht ein Gedicht ganz wichtig wird, das sich vordergründig vielleicht zunächst an einen erwachsenen Leser wendet. Und umgekehrt kann es doch ebenso sein. Kann nicht ein einfacher Kindervers an einem bestimmten Tag mehr Trost geben als ein ausgeklügelter Gedanke eines Erwachsenen? Mir geht es jedenfalls oft so. Und immer häufiger bin ich richtig glücklich darüber, daß ich mich – noch immer – naiv wie ein Kind über etwas freuen kann. Sagt nicht der große *Ringelnatz* von sich selbst, er sei glücklich darüber, daß er sein Leben lang ein Kind geblieben sei?

Vielleicht hilft uns das, mit dem Mut der Verzweiflung des erwachsenen Kindes und dem noch nicht enttäuschten Vertrauen und der ungebrochenen Hoffnung des kindgebliebenen Erwachsenen aufzustehen und gegen das anzugehen, was angeblich oder tatsächlich den Zeitgeist unseres ausgehenden Jahrtausends ausmachen soll.

Und dieses Vertrauen kann uns stark genug machen, um gegen den Strom des Alltäglichen und Vergessens zu singen, um gegen den Wind zu singen, selbst wenn sich der Wind zu einem Sturm aufbläst und mich am Ende umblasen kann. Mein Vertrauen wird er nicht fortblasen können, weil er Gott nicht umblasen und einfach wegblasen kann.

So danke ich den Menschen, die mich mit ihren Geschichten und Gedichten ein großes Stück meines Lebens begleitet und immer wieder neu begeistert haben: Astrid Lindgren, James Krüss, Josef Guggenmos und Wilhelm Willms.

Ebenso vertrauensvoll gebe ich der Sammlung den Titel, der mir am wichtigsten erscheint:

„Kommt, wir fangen einen Regenbogen"

Und sicher wissen nicht nur Kinder, sondern auch viele Erwachsene, warum.

Rolf Krenzer

4

Ich schenk' dir einen Sonnenstrahl,
damit du wieder lachst
und andern Leuten wieder mal
'ne kleine Freude machst.

Ich schenk' dir einen Sonnenstrahl,
dann spürt es jedermann:
Ein Sonnenstrahl steckt tausendmal
die andern alle an.

Ich schenk' dir einen Sonnenstrahl,
damit du daran denkst,
daß du mir einen Sonnenstrahl,
wenn ich ihn brauche, schenkst.

Hast du heute Zeit für mich?

Vati, Mutti und die andern, die ich mag

Es tschilpen die Spatzen

Es tschilpen die Spatzen
auf dem Zaun und auf dem Dach:
„Guten Morgen! Guten Morgen!
Leute, werdet endlich wach!"

Es brummeln die Hummeln,
und sie haben wenig Zeit:
„Guten Morgen! Guten Morgen!
Leute, seid ihr jetzt so weit?"

Es brummeln die Hummeln,
es tschilpen die Spatzen
auf dem Zaun und auf dem Dach:
„Guten Morgen! Guten Morgen!
Leute, werdet endlich wach!"

Es bimmeln die Glocken
von dem Kirchturm zu uns her:
„Guten Morgen! Guten Morgen!
Fällt das Aufstehn denn so schwer?"

Es bimmeln die Glocken,
es brummeln die Hummeln,
es tschilpen die Spatzen
auf dem Zaun und auf dem Dach:
„Guten Morgen! Guten Morgen!
Leute, werdet endlich wach!"

Es quaken die Frösche,
und sie geben keine Ruh':
„Guten Morgen! Guten Morgen!
Leute, schlaft nicht immerzu!"

Es quaken die Frösche,
es bimmeln die Glocken,
es brummeln die Hummeln,
es tschilpen die Spatzen
auf dem Zaun und auf dem Dach:
„Guten Morgen! Guten Morgen!
Leute, werdet endlich wach!"

Es strecken die Schnecken
ihrer Fühler langsam aus.
„Guten Morgen! Guten Morgen!
Leute, kommt doch endlich raus!"

Es strecken die Schnecken,
es quaken die Frösche,
es bimmeln die Glocken,
es brummeln die Hummeln,
es tschilpen die Spatzen
auf dem Zaun und auf dem Dach:
„Guten Morgen! Guten Morgen!
Leute, werdet endlich wach!"

Da machen die Kinder
all' zusammen so viel Krach.
Und so werden dann am Ende
alle Leute endlich wach.

Es strecken die Schnecken,
es quaken die Frösche,
es bimmeln die Glocken,
es brummeln die Hummeln,
es tschilpen die Spatzen.
Da machen die Kinder
all' zusammen so viel Krach.
Und so werden dann am Ende
alle Leute endlich wach.

Natürlich können alle zeigen, wie die Spatzen tschilpend flattern, die Hummeln brummelnd herumfliegen ... Zum Schluß können wir alle so viel Krach machen, daß auch der letzte endlich wach wird.

Was schenk' ich zum Geburtstag?

Was schenk' ich zum Geburtstag?
So frage ich mich oft.
Es trifft mich ein Geburtstag
mit Wucht und unverhofft.
Mein Taschengeld zu Ende.
Und weil ich das gut kann,
spuck' ich in beide Hände
und fang' zu basteln an.

Meiner Oma nähe ich ein Brillenetui,
und für Opa nehme ich eine Fotografie.
Und die andre Oma kriegt,
das hat sie bestimmt noch nicht,
einen handbemalten Untersatz
fürs Nachttischlicht.

Für die Mutti häkle ich einen Topflappen,
und für Vati zeichne ich unser Stadtwappen.
Und mein großer Bruder kriegt,
falls er's Brennen übersteht,
einen dunkelbraunen Leuchter,
der aus Ton besteht.

Für die Schwester schneidere ich ein Puppenkleid.
Christa kriegt 'nen Kerzenständer für die Weihnachtszeit.
Und die Tant Eva kriegt,
falls mir das gelingt,
einen Lampenschirm aus Bast, der
sicher Freude bringt.

Carsten kriegt ein Portemonnaie aus einem Lederrest,
Onkel Fred 'ne Schürze mit der Aufschrift: Frohes Fest!
Patenonkel Paul, der
sonntags stets zur Messe geht,
kriegt 'ne Hülle fürs Gesangbuch,
wo noch PAUL d'rauf steht.

Für Cousine Tine gibt's 'nen Korb aus Peddigrohr,
und ich batike für Barbara 'nen bunten Flor.
Tante Ursula, die
Urlaub stets in Spanien macht,
kriegt 'nen Stier aus Pfeifenputzern,
von mir selbst gemacht.

Für Frau Künneke bemal ich einen runden Stein.
Ein abstraktes Wandrelief kann's für Herrn Seifert sein.
Und für Kerstin, die in Till
verliebt ist momentan,
schnitze ich beziehungsreich
'nen kleinen Hampelmann.

Zum Geburtstag stellt sich ständig die Verwandtschaft ein.
Jeder hat für mich ein Päckchen, denn das muß so sein.
Alle laden zum Geburtstag
mich bestimmt auch ein
und erwarten ein Geschenk, sei es
auch noch so klein.

Was schenk' ich zum Geburtstag?
So frage ich mich oft.
Es trifft mich ein Geburtstag
mit Wucht und unverhofft.

Und Weihnachten kommt auch noch.
Und kommst du zu Besuch,
dann bring mir als Geschenk doch
ein neues Bastelbuch!

Endlich wieder gesund

Wieder über Wiesen jagen,
sieben Purzelbäume schlagen,
wieder durch die Pfützen flitzen,
daß vor Spaß die Pfützen spritzen.
Kennt ihr schon den Grund:
Leute,
seit heute
bin ich gesund!
Endlich wieder
richtig gesund!

Wieder auf die Bäume klettern
und ganz laute Lieder schmettern,
wieder auf den Händen gehen
und ums Haus fünf Runden drehen.
Kennt ihr schon den Grund: Leute …

Heimlich frisches Obst stibitzen,
mit dem Gartenschlauch noch spritzen,
wieder durch die Gegend flitzen,
und danach so richtig schwitzen.
Kennt ihr schon den Grund: Leute …

Skateboard fahren, Rollschuh laufen,
mit den besten Freunden raufen
und dann um die Wette laufen,
um für alle Eis zu kaufen.
Kennt ihr schon den Grund: Leute …

Über Müllers Hecke springen,
und den starken Max bezwingen.
Wieder mit dem Fußball dribbeln,
schon beginnt's im Bauch zu kribbeln.
Kennt ihr schon den Grund: Leute …

Gute Nacht

Gute Nacht, gute Nacht!
Schlaf dich richtig aus
und komm' aus deinem Kuschelbett
vor morgen früh nicht raus!

Schau, draußen vor dem Fenster
ist schon der Mond zu sehn.
Da wird es allerhöchste Zeit,
um nun ins Bett zu gehn.

Es werden auch den Tieren
im Wald die Augen schwer.
Und nur der schnelle rote Fuchs
schleicht immer noch umher.

Die müde Weinbergschnecke
zieht sich zurück ins Haus
und schläft sich hier bis morgen früh
in aller Ruhe aus.

Die Spatzen und die Schwalben
sind müde so wie du.
Und nur vom Turm die alte Eule
fliegt jetzt ohne Ruh.

Es ruht sich auch dein Fahrrad
in unserem Keller aus,
denn wenn du morgen munter bist,
dann holst du es gleich raus.

Jetzt kuschel dich ins Kissen.
Ich setze mich dazu.
Ich singe dir ein Abendlied.
Da schläfst du schon im Nu.

Weil du meine Mutti bist

Weil du meine Mutti bist,
mag ich dich so sehr.
Ich hab' dich lieb, so wie du bist,
und geb' dich niemals her.

Ich male dir zum Muttertag
das schönste Bild der Welt.
Nun hoffe ich, daß dir mein Bild
so gut wie mir gefällt.

Ich schenke dir den Blumenstrauß
und sage dankeschön.
Wie gut ich dir von Herzen bin,
das kannst du daran seh'n.

Und legst du deinen Arm um mich,
drück' ich mich fest an dich.
Und du läßt mich und ich laß dich
im Leben nie im Stich.

Wenn ich einst selber Kinder hab',
so kommt's mir in den Sinn,
wünsch' ich, daß ich genau wie du
so eine Mutti bin.

Ich hab' dich,
und du hast mich.
Das kann doch jeder seh'n,
wie gut wir uns versteh'n.

Mutti, ach wie lieb ich dich!
Ohne dich wär's fürchterlich!

Mama und Papa
hör' ich gern lachen,
wenn sie Quatsch
zusammen machen.
Mama und Papa
kann ich nicht leiden,
wenn sie sich streiten.

Meine Mutti,
meine Mutti
ist die beste Frau der Welt,
weil mir außer meiner Mutti
keine andre Frau gefällt.

Weil ich dich so gerne mag,
sage ich dir jeden Tag,
daß ich dich so gerne mag
jeden Tag und jeden Tag.

16

Kleines Küken, sag mir nun

Kleines Küken, sag mir nun,
deine Mutter, sie heißt (…) *Huhn.*

Kommt das Schäfchen her so brav.
„Meine Mutter ist ein (…) *Schaf*!"

Kommt das Kälbchen noch dazu.
„Meine Mutter ist die (…) *Kuh.*"

Sagt das Fohlen: „Meine gute
Pferdemutter, sie heißt (…) *Stute.*"

Und das Ferkel grunzt: „Gemein!
Meine Mutter ist ein (…) *Schwein*!"

Spielvorschlag:

*Einer spricht den Vers bis (…).
Das Kind sagt dann das letzte Wort.*

Kind, nun sag mir, wenn du's weißt,
sag, wie deine Mutter heißt!

„Meine", sagt das Kind mit Witz,
„meine Mutter heißt Frau Schmitz!"

Was ich Mutti sagen möchte

Du bist immer für mich da,
sorgst für mich an allen Tagen.
Darum will ich Dir dafür
heute „danke" sagen.

Einmal bin ich nicht mehr klein.
Hab' ich selber Kinder, dann
möchte ich, so gut ich kann,
genau wie Du, liebe Mutti, sein.

Diese schöne Blume
blüht nur für Dich allein.
Weil ich Dich so lieb hab',
sollst Du Dich drüber freun.

Diese kleine Blume
als Gruß von mir
sagt Dir ohne Worte:
Ich danke Dir!

Ich geb' Dir einen Kuß
mit einem Blumengruß
und drück' Dich fest dazu:
So lieb,
so lieb,
so lieb bist Du!

Abends in der Dämmerstunde

„Abends in der Dämmerstunde …",
sagt der kleine Klaus.
„Abends in der Dämmerstunde
bin ich gern zu Haus!"

Meine Brüder, Hans und Frieder,
kommen schnell herbei;
und wir setzen uns ans Fenster,
warten alle drei.

„Mutter, jetzt ist Dämmerstunde!
Hast du für uns Zeit?"
Uns're Mutter sagt dann lachend:
„Ich bin gleich soweit!"

Frieder holt schnell Mutters Sessel,
rückt ihn richtig hin.
Und ich bring' das weiche Kissen
mit den Federn drin.

So, nun ist auch Mutter fertig.
Sie setzt sich herzu.
„Was soll ich euch heut' erzählen?
Sag mir's, Frieder, du!"

Frieder sagt: „Ach, liebe Mutter,
das ist furchtbar schwer!
Alles in der Dämmerstunde
freut uns doch so sehr!"

Da erzählt sie uns ein Märchen
von dem kleinen Muck.
Und wir lauschen, und wir staunen,
kriegen nie genug.

„Oh, ich mag die Dämmerstunde!"
sagt der kleine Klaus.
„Abends in der Dämmerstunde
bin ich gern zu Haus!"

Peter ist älter

„Peter will ins Kino.
Darf ich mit ihm gehn?"
„Peter ist viel älter.
Du bist noch nicht zehn!"

„Peter darf am Abend
lang beim Fernsehn sein!"
„Peter ist viel älter.
Du bist noch zu klein!"

Peter kriegt ein Moped.
Das ist ganz famos.
„Nein, du mußt noch warten!
Peter ist schon groß!"

„Peter lädt sich Freunde
zum Geburtstag ein.
Ich möchte auch so gerne!"
„Du bist noch zu klein."

„Peter kauft sich alles,
was ihm gut gefällt."
„Bist du erst mal größer,
kriegst du auch mehr Geld."

Ach, ich möcht wie Peter
groß und älter sein.
Immer heißt es: „Später!
Du bist noch zu klein!"

Eine kleine Schwester
wünschte ich mir bloß.
Dann wär sie die Kleine …
Und ich wäre groß!

Kuschelgedicht

Wenn Freunde sich schlagen
und sich nicht vertragen
und brüllen und toben und lauthals schrein,
dann will ich es wagen
zu streicheln statt schlagen
und zu verzeihn.
Denn lachen und witzeln
und kraulen und kitzeln
ist schön, so schön.
Haare verwuscheln
und schmusen und kuscheln
ist wunderschön.

Wenn Brüder und Schwestern
sich zanken und lästern,
dann sage ich ärgerlich dazu: Nein!
Vertragt euch! Seid friedlich!
Dann wird es gemütlich zu Hause sein.
Denn lachen und witzeln
und kraulen und kitzeln
ist schön, so schön.
Haare verwuscheln
und schmusen und kuscheln
ist wunderschön.

Wenn Eltern sich streiten,
das kann ich nicht leiden,
dann wäre ich lieber ganz anderswo.
Doch wenn sie sich herzen
und schmusen und scherzen,
bin ich auch froh.

24

Denn lachen und witzeln
und kraulen und kitzeln
ist schön, so schön.
Haare verwuscheln
und schmusen und kuscheln
ist wunderschön.

Was kann es im Leben
noch Schöneres geben:
Von Vati und Mutti ins Bett gebracht!
Ein Lied und ein Küßchen.

Wir schmusen ein bißchen
und gute Nacht.
Denn lachen und witzeln
und kraulen und kitzeln
ist schön, so schön.
Haare verwuscheln
und schmusen und kuscheln
ist wunderschön.
Hmmm, Haare verwuscheln
und schmusen und kuscheln
ist wunderschön.

Meine Oma geb' ich niemals her

Meine Oma, die ist immer gut gelaunt, wow!
Sie macht Witze, daß ein jeder nur so staunt, wow!
Und sie kocht, daß man sich immer überfrißt, au!
Weil's bei Oma doch am allerschönsten ist.
Ich geh' gern mit meiner Oma aus,
denn die Oma sieht fantastisch aus!

Meiner Oma macht das Fußballspielen Spaß, wow!
Meine Oma robbt mit mir durchs dickste Gras, wow!
Manchmal gibt es auch aus Spaß 'ne Keilerei, au,
und im Schwimmbad bringt sie mir das Schwimmen bei.
Meine Oma spielt ganz toll Klavier,
und sie kuschelt gar zu gern mit mir!

Wenn ich Kummer hab', kriech' ich auf ihren Schoß, wow,
wenn ich weinen muß, bei Oma geht es los, wow!
Reicht mein Geld fürs Eis nicht aus, das ist kein Spaß, au,
hat die Oma ganz bestimmt für mich noch was!
Und was alles in der Welt geschehn,
läßt sie heimlich mich im Fernsehn sehn.

Meiner Oma geht kein Spaß einmal zu weit, wow,
und für alles hat die Oma immer Zeit, wow!
Wenn ich auch zu Hause richtig glücklich bin, au,
zög' ich glatt zu meiner Oma heut noch hin.
So 'ne Oma wünsch' ich jedem sehr!
Aber meine geb' ich niemals her!

Mein Opa

Mein Opa ist schon pensioniert
und hat 'ne Menge Zeit.
Und alles, was ihn interessiert,
erzählt er lang und breit.

Mein Vater sagt, der Opa sei
verkalkt und deshalb so.
Er holt schnell Arbeit sich herbei,
verdrückt sich irgendwo.

Und Mutter meint: „Der Opa spricht
so laut, weil er schlecht hört!"
So merkt der Opa manchmal nicht,
daß er die andern stört.

Am allerschlimmsten aber sei,
so hat sie oft geklagt,
daß unser Opa mit Geschrei
dreimal dasselbe sagt.

Der Opa schimpft auf unsre Zeit.
Sie ist ihm zu modern.
Er ist mehr für Gemütlichkeit,
und Eile liegt ihm fern.

Er sagt: „Solange man noch kraucht,
gibt's nichts, was einen schreckt.
Solang man nichts zu borgen braucht,
solang das Pfeifchen schmeckt!"

Er schimpft auf Politik und Geld,
auf jedes Formular.
Doch strahlt er, wenn er dann erzählt,
wie's früher einmal war.

Wer Opa zuhört, ist verdutzt,
denn er holt mächtig aus.
Und wenn er sich die Nase putzt,
erfährt's das ganze Haus.

Erzählt der Opa mit Juchhei,
dann gibt er keine Ruh.
Doch ich und Oma, ja, wir zwei,
wir hören ihm gern zu.

2

Wenn es grün wird auf der Welt

Die Schätze der Feste und schönen Bräuche

Wann fängt der Frühling an?

Wann, ja, wann
fängt der Frühling an?

Wenn der Frost dich nicht mehr beißt
und der See nicht mehr vereist,
wenn die Sonne sich getraut
und hell durch die Wolken schaut,
dann, ihr lieben Leut',
ist es bald soweit!

Wenn es grün wird auf der Welt
und der Schnee sich nicht mehr hält,
zieht ihr eure Mäntel aus
und lauft einfach so hinaus,
dann, ihr lieben Leut',
ist es bald soweit!

Wenn ein Vogel fröhlich singt,
wenn es in uns singt und klingt,
wenn die Buschwindröschen blüh'n
und am Baum das erste Grün,
dann, ihr lieben Leut',
ist es bald soweit!

Dann, ja, dann
fängt der Frühling an!

Der Frühling kommt bald

Der Frühling kommt bald.
  (Wir winken mit beiden Händen den
  Frühling heran)

Er ist schon im Wald.
  (Beide Arme wie Bäume hoch halten)

Er ist in der Luft.
  (Arme weit auseinander)

Ein Kuckuck ruft.
  (Arme zu Flügeln ausbreiten)

Die Blumen sprießen.
  (Hände vor uns, eine aufsprießende
  Blüte zeigen)

Er kommt durch die Wiesen,
  (links und rechts von uns das Gras
  streichen)

durch Fenster und Tür
  (mit beiden Händen gestisch vor uns
  das Fenster öffnen)

zu mir und dir.
  (auf mich und dich zeigen)

Da weiß jeder: Ja,
der Frühling ist da!
  (Aufstehen und in die Hände klatschen)

Hereinspaziert in unser Zirkuszelt

Hereinspaziert, hereinspaziert
in unser Zirkuszelt.
Heut steigt die große Zirkusshow,
die allen gut gefällt.

Seht euch unsre Ponys an.
Sind sie nicht gut dressiert?
Vom Herrn Direktor werden sie
persönlich vorgeführt.

Seht euch jetzt die Löwen an.
Ein Wunder der Dressur!
Das hat die Welt noch nie geseh'n!
Da staunt ein jeder nur!

Sind die Elefanten dran,
wird es gleich jedem klar:
Der allerkleinste Elefant
ist schon ein Zirkusstar!

Kommen dann die Bären rein,
dann lacht ein jedermann,
weil selbst der allerdickste Bär
den Walzer tanzen kann.

Auf dem Seil tanzt Fräulein Ruth
beschwingt und federleicht.
Ja, diese Seiltanznummer ist
bisher noch nie erreicht!

Jetzt sind die Athleten dran.
Ja, die sind zauberhaft!
Ein jeder staunt, was hier gelingt
allein mit Muskelkraft!

Wenn der Affe Balduin
nur immer Unsinn macht,
dann wird im ganzen Zirkuszelt
noch lang und laut gelacht.

Wenn Chinesen Teller dreh'n,
staunt jeder in dem Zelt,
weil bei dem Steh'n und Geh'n
und Dreh'n
nicht einer runterfällt.

Tritt der Zauberer dann auf,
wird es mucksmäuschenstill,
weil jeder von dem Zauberer
das Zaubern lernen will.

Kommt der Häuptling Dicker Bär,
dann freut sich jedes Kind,
weil jetzt die große Westernshow
im Zirkuszelt beginnt.

Tritt der Dumme August auf,
dann freut sich jedermann,
weil jeder mit dem August dann
von Herzen lachen kann.

Der Direktor führt zum Schluß
die Zirkuspferde rein.
Und jedes Kind darf heut' einmal
ein Zirkusreiter sein
(*oder*: ein Zirkuspferdchen sein).

Sommerzeit – Ferienzeit

Sommerzeit – Ferienzeit.
Da weiß doch jeder gleich Bescheid.
Du kannst faul im Bett noch bleiben.
Keiner kann dich hier vertreiben.
Spielen, lachen,
Unsinn machen.
Du kannst schlafen, du kannst dösen
oder Bilderbücher lesen.
Jetzt hast du für alles Zeit.

Sommerzeit – Ferienzeit.
Da weiß jeder gleich Bescheid.
Du kannst faul im Schatten liegen,
träumen, mit den Wolken fliegen,
hinter Hecken
dich verstecken,
du kannst wandern, schwimmen, baden
und durch kleine Bäche waten.
jetzt hast du für alles Zeit.

Sommerzeit – Ferienzeit.
Da weiß jeder gleich Bescheid.
Du siehst Schmetterlinge fliegen,
Vögel hoch im Wind sich wiegen,
dicke Hummeln
fröhlich brummeln.
Auf der Wiese und im Garten
so viel Blumen auf dich warten.
Jetzt hast du für alles Zeit.
Sommerzeit – Ferienzeit.
Da weiß jeder gleich Bescheid.

Kommt, wir malen einen Regenbogen!

Kommt, wir malen einen Regenbogen
für das große Fest.
Und wir bauen unterm Regenbogen
sicher unser Nest.

Schaut, es zeigt der bunte Regenbogen
über unsrer Welt,
daß uns Gott mit diesem Regenbogen
seinen Bund erhält.

Seht, es zieht ein bunter Regenbogen
wieder übers Land.
Und wir stehen unterm Regenbogen
fröhlich Hand in Hand.

33

Sag uns, Herr Bäcker

Sag uns, Herr Bäcker,
woher kommt dein Brot?
Ich habe, ich habe
das Brot aus Mehl gemacht.
Der Müller, der Müller
hat mir das Mehl gebracht.

Sag uns, Herr Müller,
woher kommt dein Mehl?
Der Bauer, der Bauer,
hat mir das Korn gebracht.
Aus Körnern, aus Körnern,
hab' ich das Mehl gemacht.

Sag uns, Herr Bauer,
woher kommt dein Korn?
Die Körner, die Körner,
die hab' ich ausgesät,
im Frühjahr, im Frühjahr,
damit die Saat aufgeht.

Hier ist das Brot!
Kommt herbei und greift zu!
Wir essen, wir essen,
wir essen uns satt.
Und danken und teilen,
daß jeder etwas hat.

Die Tiere feiern Sommerfest

Die Tiere feiern Sommerfest
auf unsrer grünen Wiese.

Das Eichhörnchen, so flink und klein,
das lädt die Gäste alle ein.

Die bunte Kuh, die bunte Kuh,
die bracht 'nen Eimer Milch dazu.

Der Gänserich, der Gänserich,
der schnatterte ganz fürchterlich.

Die Maus mit ihrem langen Schwanz,
die zeigte einen Mäusetanz.

Das Huhn erschien mit schnellem Schritt
und brachte ein paar Eier mit.

Der Fuchs kam auch herbei zum Tanz,
zeigt allen seinen schönen Schwanz.

Die Hasen, die Hasen,
die tanzten auf dem Rasen.

Der Uhu, der Uhu,
saß still dabei und schaute zu.

Es kam sogar die Ziege
und auch die Stubenfliege.

Sie sah'n sich auf der Wiese um
und tanzten alle rundherum.

Seht euch an, was mein Drachen kann!

Seht euch an,
was mein Drachen kann!
Ich nehm' die Schnur und lauf' …
Schon steigt mein Drachen auf.
Er will zum Himmel fliegen
und sich im Winde wiegen.
Er schaut sich alles dann
von oben an.

Seht euch an,
was mein Drachen kann!
Aus Holz und aus Papier
steht er hoch über mir.
Er treibt es immer bunter
und schaut zu mir hinunter
und schaut uns alle dann
von oben an.

Seht euch an,
was mein Drachen kann!
Jetzt zieht er immer nur
ganz fest an meiner Schnur.
Und mit dem bunten Schwänzchen
tanzt er ein Drachentänzchen.
Er schaut sich alles dann
von oben an.

Seht euch an,
was mein Drachen kann!
Ich möchte ganz allein
mit ihm dort oben sein
und über Felder fliegen
und mich im Winde wiegen.
Wir schau'n uns alles dann
von oben an.

Doch zum Glück
kommt er zu mir zurück.
Muß ich nach Hause geh'n
und seine Schnur aufdreh'n,
dann denk' ich: Leider, leider!
Doch morgen geht's ja weiter.
Er schaut sich alles dann
von oben an.

Der Herbst ist da

Wir holen unsern Drachen raus.
Jetzt steigt er auf vor unserm Haus.
Halt fest die Schnur! Er ist so groß!
Sonst reißt er sich noch los.

Was ist denn mit dem Baum gescheh'n?
Wer kann noch grüne Blätter seh'n?
Sie sind jetzt gelb und rot und braun.
Ihr braucht nur hinzuschaun!

Die Blätter schaukeln hin und her.
Der Herbstwind pustet immer mehr.
Was ist denn mit den Blättern los?
Sie fallen in das Moos.

Wir laufen hier im Kreis herum.
Der Herbstwind pustet uns nicht um.
Wir laufen durch das weiche Gras
und haben unsern Spaß.

Kleines Martinsspiel

Der Bettler geht von einem Haus zum andern und bittet um Hilfe. Überall wird er fortgeschickt. Da kommt Martin und teilt seinen Mantel mit ihm. Zwei oder vier Spieler können jeweils ein Haus darstellen. Sie geben sich die Hände und halten sie wie ein Dach hoch. Vorn wird ein Fenster angedeutet. Das Pferd wird auch von einem Spieler dargestellt.

Martin trägt zwei ähnliche oder gleich aussehende Jacken zunächst übereinander, die er dann mit dem Bettler teilt. Zum Schluß reitet Martin nach einer Seite davon, während der Bettler nach der anderen Seite abgeht.

Bettler:
Es ist so kalt! Ich armer Mann
weiß nicht, wo ich mich wärmen kann.
Klopft
He, Leute, laßt mich zu euch rein!

Spieler im Haus:
Die Tür bleibt zu! Hör auf zu schrei'n!

Bettler:
Nur etwas Wärme! Etwas Licht!

Spieler im zweiten Haus:
Geh' weiter, Mann, und stör' uns nicht!

Bettler:
Mir ist so kalt, so bitterkalt!
Wer reitet jetzt noch durch den Wald?
Oh, ein Soldat! Ich sprech' ihn an,
ob er mir vielleicht helfen kann.
Soldat! Soldat!

Martin:
Brr! Halte an!
Wie siehst du aus! Du armer Mann!
Du frierst doch sicher jämmerlich!
Er teilt seinen Mantel.
Mein Mantel reicht für dich und mich.

Bettler:
Soldat, du bist ein guter Mann!
Ich danke dir, so gut ich kann.
Wie ist der Mantel warm und weich.
Du machst mich glücklich und so reich.

Martin:
Das ist doch nicht der Rede wert.
Nun hü und hott! Auf, auf, mein Pferd!

Sankt Martin, du guter Mann

Sankt Martin, Sankt Martin,
du guter Mann,
ach reite, bitte, reite
heut' unserm Zug voran.

Sankt Martin, dein Mantel
ist dick und warm.
Du teilst ihn mit dem Bettler;
denn der ist doch so arm.

Gäb' jeder wie Martin
so leicht was her,
dann gäb' es auf der Erde
bald keine Armen mehr.

Wir zieh'n hinter Martin
im langen Zug.
Sankt Martin, lehr uns teilen!
Wir haben doch genug.

Es sagt die Laterne
mit ihrem Licht:
Vergeßt wie einst Sankt Martin
den andern Menschen nicht.

Sankt Martin, Sankt Martin,
du guter Mann,
drum reite, darum reite
heut' unserm Zug voran!

Frau Holle, steh doch endlich auf!

Alle:
Frau Holle, Frau Holle,
steh endlich auf, steh endlich auf!
Frau Holle, Frau Holle,
laß es wieder schnei'n!

Frau Holle:
Im Bett ist's gemütlich.
Ich hab' noch viel Zeit!
Ich zieh' die Decke über.
Es ist noch nicht soweit!

Alle:
Frau Holle, Frau Holle,
komm aus dem Haus,
komm aus dem Haus!
Frau Holle, Frau Holle,
klopf die Betten aus!

Frau Holle:
Ihr gebt keine Ruhe.
Es bleibt keine Zeit.
So schüttel ich die Betten.
Seht her, wie es nun schneit!

Alle:
Frau Holle, Frau Holle,
es ist soweit, es ist soweit!
Frau Holle, Frau Holle,
schüttel, und es schneit!

Frau Holle:
Ich schüttel die Betten
zur Winterzeit.
Da schweben dicke Flocken.
Seht her, wie es nun schneit!

Alle:
Frau Holle, Frau Holle,
es ist soweit, es ist soweit!
Frau Holle, Frau Holle,
schüttel, und es schneit!

Frau Holle:
Ich schüttel die Kissen
zur Winterzeit.
Da toben dicke Flocken.
Seht her, wie es nun schneit!

Alle:
Frau Holle, Frau Holle,
es ist soweit, es ist soweit!
Frau Holle, Frau Holle,
schüttel, und es schneit!

Frau Holle:
Ich schüttel die Betten
zur Winterzeit.
Da tanzen dicke Flocken.
Seht her, wie es nun schneit!

Alle:
Frau Holle, Frau Holle,
die Erde hat ein weißes Kleid.
Frau Holle, Frau Holle,
wir freu'n uns, weil es schneit!

Frau Holle:
So geht die Frau Holle
nun auch nach Haus
und ruht sich ganz gemütlich
bis morgen wieder aus.

3

Der Weihnachtsstern am Himmel

Die schönste
Kinderjahreszeit

Das Licht einer Kerze

Das Licht einer Kerze
ist im Advent erwacht.
Eine kleine Kerze
leuchtet durch die Nacht.
Alle Menschen warten,
hier und überall,
warten voller Hoffnung
auf das Kind im Stall.

Wir zünden zwei Kerzen
jetzt am Adventskranz an.
Und die beiden Kerzen
sagen's allen dann:
Laßt uns alle hoffen
hier und überall,
hoffen voll Vertrauen
auf das Kind im Stall.

Es leuchten drei Kerzen
so hell mit ihrem Licht.
Gott hält sein Versprechen.
Er vergißt uns nicht.
Laßt uns ihm vertrauen
hier und überall.
Zeichen seiner Liebe
ist das Kind im Stall.

Vier Kerzen hell strahlen
durch alle Dunkelheit.
Gott schenkt uns den Frieden.
Macht euch jetzt bereit.
Gott ist immer bei uns
hier und überall.
Darum laßt uns loben
unsern Herrn im Stall!

Eine alte Nikolauslegende

So schlimm war es in diesem Jahr,
wie es vorher noch niemals war.
Die Ernte hatte nichts gebracht.
So kam der Hunger über Nacht.

Da lief, wie konnt' das möglich sein,
ein fremdes Schiff im Hafen ein.
Ein Schiff, das – es ist wirklich wahr! –
mit bestem Korn beladen war.

Das sah der Bischof Nikolaus.
Er lief sogleich zum Schiff hinaus
und rief: „Helft uns in unsrer Not
und rettet uns vorm Hungertod!"

Doch die Matrosen sagten: „Nein!
Es tut uns leid. Es darf nicht sein.
Wenn wir hier unser Korn verschenken …
Was uns passiert, könnt ihr euch denken!

Wir müssen jetzt vor allen Dingen
das Schiff voll Korn nach Hause bringen,
sonst werden wir, eh' wir's gedacht,
zur Strafe alle umgebracht."

Da sprach der Bischof Nikolaus:
„Leert unbesorgt die Säcke aus.
Vertraut mir, daß ihr nichts verliert
und daß euch später nichts passiert."

Erst zögerten die Schiffe noch.
Dann taten sie es schließlich doch
und schenkten wirklich alles her.
Da hungerte bald keiner mehr.

Sie sagten Nikolaus ade.
Doch als sie war'n auf hoher See,
da war ein Wunder hier gescheh'n.
Sie konnten es jetzt selber seh'n.

Das Schiff war wieder voll beladen.
Und ohne den geringsten Schaden
fuhren sie fröhlich nun nach Haus
und dankten Bischof Nikolaus.

Was schenk' ich dir zu Weihnachten?

Was schenk' ich dir?
Was schenk' ich dir?
Mir fällt fast nichts mehr ein.
Schön eingerahmt ein Bild von mir?
Ein Ring mit einem Stein?
Schenk' ich ein Spiel?
Ein Kuscheltier?
Ob dir das wohl gefällt?
Ein Buch? Ein Packen Briefpapier?
Doch all das kostet Geld!

Für Oma und für Onkel Klaus,
für Mutti und Papa
gab ich mein Taschengeld schon aus,
und jetzt ist nichts mehr da.
Für Opa bastelte ich dann
'ne Kerze, die auch brennt.
Das einz'ge, was ich basteln kann.
Mir fehlt halt das Talent.

Jetzt steh' ich da und frage mich:
Was könnt's für dich nur sein?
Was Schönes hätt' ich gern für dich,
doch mir fällt nichts mehr ein.
Weil ich dich ganz besonders mag,
möcht' ich dich gern erfreu'n.
Drum soll's zu diesem Weihnachtstag
was ganz Besondres sein.

Doch als ich heute aufgewacht,
da hatt' ich's endlich raus:
Am Weihnachtsmorgen gegen acht
steh ich vor deinem Haus.
Ich rufe: „Hallo, ich bin hier!"
Ich klingel an der Tür
und bleib den ganzen Tag bei dir!
Dann hast du was von mir!

Das schenk' ich dir zu Weihnachten,
weil das dir Freude macht!
Das hätt'st du dir zu Weihnachten
bestimmt nicht ausgedacht!

Mein Weihnachtsstern, der leuchtet weit

Mein Weihnachtsstern, der leuchtet weit:
Freut euch, ihr Leut!
Freut euch schon heut'!
Mein Weihnachtsstern, der leuchtet weit:
Freut euch auf die Weihnachtszeit!

Der Weihnachtsstern am Himmel
hat einst in dunkler Nacht
die Botschaft von dem Kind im Stall
in alle Welt gebracht.

Wir schneiden bunte Sterne
aus Transparentpapier
und hängen sie am Fenster auf.
Sie leuchten dir und mir.

Aus Stroh die schönsten Sterne,
die bastel ich für dich.
Dann merkst du, bald ist Weihnachten
und freust dich sicherlich.

So viele Weihnachtssterne.
Es glitzert und es blinkt,
weil jeder Stern mit seinem Schein
die dunkle Nacht durchdringt.

Wir stechen Weihnachtsplätzchen
mit unsern Förmchen aus
und holen Weihnachtssterne aus
dem Backofen heraus.

Da freuen sich alle Leute.
Der helle Weihnachtsstern
verkündet wieder Weihnachtsfreude
allen nah und fern.

Da kommen drei Könige

Dreikönigsspiel

Es spielen mit:
Ein Spieler trägt den Stern und zieht vor den drei Königen her,
die drei Könige Kaspar, Melchior und Balthasar,
die Sprecherin und der Sprecher, vier Frauen und vier Männer.
Ein langer Zug von Frauen und Männern zieht hinter den drei Königen her.
– Es können auch noch Maria und Josef und die Krippe in den Stall im Hintergrund gestellt werden, dazu Ochsen, Schafe, Esel, Katzen usw. So viele, daß kein Kind übrig bleiben muß.

Sprecher: Da kommen drei Könige, drei edle Herrn!

Sprecherin: Drei Könige folgen dem hellen Stern.

Balthasar: Ich bin der König Balthasar.
Seht nur den Stern, so hell und klar!

Kaspar: Ich bin König Kaspar und ging so weit.
Ich folge dem Stern schon so lange Zeit!

Melchior: Und König Melchior, der bin ich!
Seh' ich den Stern, dann freu' ich mich!

Sprecher: Das sind die drei Könige, drei edle Herrn!

Sprecherin: Drei Könige folgen dem hellen Stern.

Balthasar: He, Leute, wißt ihr vielleicht Bescheid?
Wir sind unterwegs schon so lange Zeit!

Kaspar: Wir folgen so lang schon dem hellen Stern.
Wir suchen den neuen König, den Herrn!

Melchior: Der Stern am Himmel weiß viel, viel mehr.
Drum ziehen wir alle hinter ihm her.

Sprecher: Seht ihr die drei Könige, drei edle Herrn?

Sprecherin: Drei Könige folgen dem hellen Stern.

1. Mann:	Hört zu, ihr Männer, wir wissen nicht viel.
1. Frau:	Vielleicht seid ihr hier aber richtig am Ziel!
2. Mann:	Seht ihr den Stall dort drüben steh'n?
2. Frau:	Ihr solltet zu dem Stall schnell geh'n!
3. Mann:	Ich weiß, daß dort zwei arme Leute sind.
3. Frau:	Und in der Krippe liegt ein Kind!
4. Mann:	Es kamen Hirten, die sagten schon, das Kind im Stall sei Gottes Sohn.
4. Frau:	Drum haben sie sich in der dunklen Nacht sogleich zu ihm auf den Weg gemacht.
5. Mann:	Das Kind liegt im Stall auf Heu und Stroh.
5. Frau:	Doch heißt es, es macht alle Menschen froh.
6. Mann:	Es kam zu uns, daß sich jeder freut!
6. Frau:	Besonders die kleinen und armen Leut'!
Die drei Könige:	Ein Wunder ist in dem Stall gescheh'n! Drum laßt uns schnell zu dem König geh'n. Der König ist groß und wunderbar! Auf, Melchior, Kaspar und Balthasar!
Sprecher:	Da gehn die drei Könige, die edlen Herrn!
Sprecherin:	Und über dem Stall leuchtet hell der Stern.
Die Frauen u. Männer:	Da bleiben wir auch nicht länger steh'n. Auf, laßt uns schnell mit den Königen geh'n! Das Kind in der Krippe ist Gottes Sohn. Es wissen immer mehr davon.

Alle laufen hinter dem Sternträger und den Königen zum Stall. Wenn alle im Stall sind, schließt sich die Tür. Nur der Sternträger bleibt mit seinem Stern davor stehen.

Was wird das neue Jahr mir bringen?

Ein neues Jahr kommt übers Land.
Ich wünsche mir so allerhand.

> Im Januar möchte ich Schneeschuhe kaufen
> und weit über weiße Berge laufen.

Im Februar möchte ich Fasching erleben.
Da müßte es viele Feste geben.

> Im März möchte ich wieder im Garten
> pflanzen und säen und Blumen erwarten.

Im April, das weiß ich genau,
färbe ich Eier rot, grün, gelb und blau.

> Mitten im Mai, wie schön wird das sein,
> lade ich zum Geburtstag ein.

Im Juni, da werden in unserem Garten
saftige Erdbeeren auf mich warten.

> Im Juli, da geh ich mit Peter und Klaus
> ins Schwimmbad, und keiner kriegt mich dort raus.

Im August in den Ferien wird Vatis Wagen
uns weit fort in den Urlaub tragen.

> Im September will ich Äpfel und Pflaumen versuchen,
> und dann gibt's den köstlichen Pflaumenkuchen.

Und im Oktober, da wird es sich zeigen,
da lasse ich meinen Drachen steigen.

> Sieht's im November auch trübe aus,
> ich mach' mir's gemütlich bei mir zu Haus.

Naht der Dezember mit Eis und Schnee,
dann ist auch Weihnachten ganz in der Näh.

So viel kann das neue Jahr mir geben.
Hoffentlich kann ich's gesund erleben.
Und ich wünsche mir vom neuen Jahr,
daß vieles so bleibt, wie's im letzten Jahr war.

Wir haben nur dies eine Leben

Kindern ins Herz geschaut

Wenn du mal weinst und traurig bist

Wenn du mal weinst und traurig bist,
laß ich dich nicht im Stich.
Dann leg' ich meinen Arm um dich
und tröste dich.
Und bin ich ärgerlich und still,
dann sagst du auch kein Wort.
Du sitzt ganz ruhig neben mir
und gehst nicht fort.

Oft kommt es vor, da kann ich, was
du meinst, nicht gleich verstehn.
Dann malst du mir ein Bild davon,
und ich kann's sehn.
Und wenn du wieder nichts kapierst
und ängstlich dich versteifst,
dann red' ich los mit Hand und Fuß,
bis du's begreifst.

Wenn du nicht da bist, sitz ich hier
alleine nur herum
und komm', wenn du nicht bei mir
bist,
vor Heimweh um.
Als wir zum erstenmal uns sahn,
da lachten wir uns zu.
Ach, hätt' ich doch so schwarzes Haar
genau wie du.

Du siehst ganz anders als ich aus
und bist genau wie ich.
Und grad, weil du ganz anders bist,
drum mag ich dich.

Sähst du genauso aus wie ich
das wäre nicht nur dumm.
Wir ständen schrecklich langweilig
nur hier herum.

Daß ich und du
und du und ich,
daß wir uns gut verstehn,
ja, das könnt ihr
und alle hier
bei mir und dir gut sehn.

Morgens, mittags, abends waschen

Wasser ist so naß!
Morgens, mittags, abends waschen.
Vorher gibt es nichts zu naschen.
Das macht keinen Spaß!

Kaum am Frühstückstisch,
greif' ich nach den Haferflocken,
schon schreit Mutti auf erschrocken:
„Mach dich erst mal frisch!"

Komme ich nach Haus,
tönt's von allen Seiten immer:
„Marsch, hinein ins Badezimmer!
Kerl, wie siehst du aus!"

Immer bin ich dran!
Setz' ich mich zum Mittagessen,
schon heißt's: „Du hast was vergessen!
Wasch dich, junger Mann!"

Alles ist so fad!
Butterbrot mit Bauernschinken
und Zitronensaft zu trinken
gibt's erst nach dem Bad.

Ich werd' stets entdeckt.
Erst das laute Wasch-Gekeife,
und dann stinke ich nach Seife,
daß mir nichts mehr schmeckt.

Schnell ins Bett gehuscht.
Will nur gute Nacht noch sagen,
schon muß einer dämlich fragen:
„Hast du schon geduscht?"

Das macht keinen Spaß!
Zuviel Sauberkeit ist peinlich.
Leute, seid doch nicht so kleinlich!
Wasser ist so naß!

Streit, Streit, Streit

Streit, Streit, Streit
Es ist sehr schnell soweit.
Es kann so schnell geschehen,
wenn zwei sich nicht verstehen.
Ein winziges Vergehen …
Ja, dann ist es soweit.
Nichts als Streit, Streit, Streit!

Streit, Streit, Streit.
Es ist sehr schnell soweit.
Wenn zwei sich nicht vertragen,
wenn sie sich Böses sagen
und endlich gar noch schlagen …
Ja, dann ist es soweit:
Nichts als Streit, Streit, Streit!

Seid euch gut!
Bezwingt doch eure Wut!
Läßt es damit bewenden.
Laßt uns den Streit beenden,
faßt fest euch an den Händen,
bezwingt doch eure Wut!
Seid euch wieder gut!

Besuch mich mal zu Haus!

Besuch mich mal, besuch mich mal,
Besuch mich mal zu Haus!
Ich warte ganz bestimmt auf dich
Und schau zum Fenster raus.

Ich lade dich ganz herzlich ein.
Komm doch einmal zu mir.
Ich werde mich ganz sicher freu'n.
Wie wär's so gegen vier?

Ich wohne im Karottenweg.
Du suchst die Nummer 10.
Und auf dem weißen Namensschild.
Muß „Peter Müller" steh'n.

Und gehst durch unser Gartentor,
Und klingelst an der Tür.
Ich komme gleich und öffne dir.
Und schon bist du bei mir.

Ich stell' dich meiner Mutter vor.
Sie gibt dir dann die Hand.
Ich sage: „Schau, das ist mein Freund!"
Und ihr seid gleich bekannt.

Mein Bruder ist noch ziemlich klein.
Er spielt am liebsten mit.
Ich führ' dich in mein Zimmer rein.
Dann spielen wir zu dritt.

Und meine Schwester ist schon groß.
Sie ist ganz selten da.
Nun kennst du die Familie schon.
Es fehlt nur noch Papa.

Du fürchtest dich vor unserm Hund?
Mach nicht so ein Gesicht!
Der bellt und freut sich, wenn du kommst.
Doch beißen tut er nicht.

Gleich hinterm Haus im Sonnenschein,
Dort ist der Tisch gedeckt.
Die Mutti gießt uns Limo ein
Und freut sich, wenn's uns schmeckt.

Im Apfelbaum beim dritten Ast,
Dort, wo das Laub so dicht.
Da hab' ich mein Geheimversteck,
Verrat es bitte nicht!

Und wenn du später heimgeh'n mußt,
Und unser Spiel ist aus,
Dann holt Papa sein Auto raus,
Und fährt dich schnell nach Haus.

Der Tommy aus der Sonnenkäfergruppe

Das ist der Tommy aus der Sonnenkäfergruppe,
über den der halbe Kindergarten lacht.
Wenn einer schimpft, ist das dem Tommy leider schnuppe,
weil Tommy immer wieder so viel Unsinn macht.

Wer hat die Marmelade in den Frühstücksquark gekippt?
Und wer hat Ruth so lang geärgert, bis sie ausgeflippt?
Und wer hat alle Stifte in Isoldes Korb gespitzt
Und völlig unabsichtlich den Herrn Pfarrer naßgespritzt?
Wer sprang mit beiden Schuhen in die größte Pfütze rein?
Wer so was macht,
daß alles lacht,
das kann nur einer sein!
Das ist –
der Tommy ganz allein.

Wer hat den letzten Hustensaft vom Hannes ausgekippt?
Und wer hat heimlich von Frau Wagners Magentee genippt?
Wer hat im Klo den höchsten Bogen an die Wand gespritzt?
Wer ist in Margits Stöckelschuh zum Sandkasten geflitzt?
Wer krabbelt unbemerkt in Traudels Puppenwagen rein?
Wer so was macht,
daß alles lacht,
das kann nur einer sein!
Das ist –
der Tommy ganz allein.

Wer lacht, wenn er gesucht wird und wenn keiner ihn entdeckt?
Wer hat sich unter Schwester Claras Ordensrock versteckt?
Wer strich die Türen rundherum mit Bienenhonig an?
Wer war vorm Elternnachmittag am Käsekuchen dran?
Und wer schaut immer heimlich in das Mädchenklo hinein?

Wer so was macht,
daß alles lacht,
das kann nur einer sein!

Das ist der Tommy aus der Sonnenkäfergruppe,
über den der halbe Kindergarten lacht.
Wenn einer schimpft, ist das dem Tommy leider schnuppe,
weil Tommy immer wieder so viel Unsinn macht.
Ja, dieser Tommy aus der Sonnenkäfergruppe!
Jeder fragt: „Was wird, wenn Tom zur Schule geht?"
Ach wißt ihr, das ist jetzt dem Tommy völlig schnuppe,
Und sicher gibt's dort einen, der auch Spaß versteht.

Bitte der Kinder an die Erwachsenen

Wir haben nur dieses eine Leben
und dieses eine Kindsein.
Darum laßt uns doch Kind sein.

Sperrt uns noch nicht
in eure Zwänge,
denn eure Enge
wird uns erdrücken,
jede Melodie,
jede Fantasie,
alles Lachen und Spielen
in uns ersticken.

Mit uns werden auch
eure Träume sterben.
Sagt, was wollt ihr
uns vererben?
Wir sind schutzlos
in eure Hand gegeben.
Gebt uns eure Hand
und helft uns zu leben.

Wir haben doch nur dieses eine Leben
und dieses eine Kindsein.
Drum laßt uns noch Kind sein!

Noten für Lehrer Klaus

Sehr geehrter Lehrer Klaus,
du teilst immer Noten aus.
Und im Zeugnis wird erfaßt,
wie du mich bewertet hast.
Ärgert's mich auch dann und wann,
ändern kann ich nichts daran.

Drum geehrter Lehrer Klaus
teile ich jetzt Noten aus.
Pünktlich warst du leider nicht,
kamst zu spät zum Unterricht
und bekommst deshalb von mir
hierfür nur die Note 4.

Sehr geehrter Lehrer Klaus,
wie sieht's denn im Rechnen aus?
Wie beim Teilen man verfährt,
hast du mir so schlecht erklärt,
daß ich es nicht rechnen kann.
Eine 5, geehrter Mann!

Sehr geehrter Lehrer Klaus,
wie sieht's denn im Schreiben aus?
Deine Schrift ist kaum zu lesen.
Ratlos bin ich oft gewesen.
Deshalb gebe ich dafür
leider nur 'ne schwache 4.

Wie, geehrter Lehrer Klaus,
sieht's mit Fleiß und Ordnung aus?
Wenn man das auch jetzt bestreitet:
Du warst oft nicht vorbereitet!
Und das Buch, in dem wir lesen,
hast du fünfmal selbst vergessen.
Deshalb sage ich mit Mut:
Fleiß und Ordnung auch nicht gut!

Doch, geehrter Lehrer Klaus,
teil' ich keine Noten aus.
Müssen wir als Schulgefährten
uns denn immer gleich bewerten?
Teilst du doch bei dir zu Haus
auch nicht immer Noten aus.
Man kann loben, man kann murren,
doch verteilt nicht gleich Zensuren.

Besser wär's, wenn alle Noten
wär'n für alle Zeit verboten.
Dann säh alles besser aus,
sehr geehrter Lehrer Klaus!

Gebt den Kindern ihren Platz!

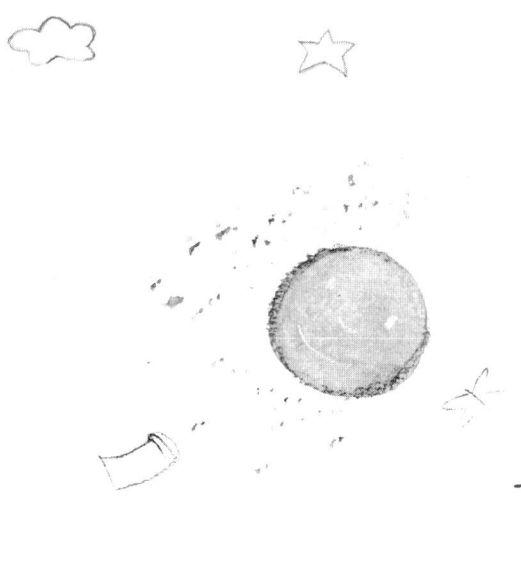

Gebt den Kindern ihren Platz,
daß ein jedes Freude hat,
doch die Freude, die es braucht,
mußt du ihm geben.
Es braucht dich und deine Zeit;
innige Verbundenheit.
Alle Freude, die du hast,
braucht es zum Leben.

Gebt den Kindern ihren Platz,
daß ein jedes Leben hat,
und sein Leben wird allein
von Gott gegeben.
Und sein Leben ist nicht dein!
Da gibt's überhaupt kein Nein!
Denn sein Leben wird allein
von Gott gegeben.

Gebt den Kindern ihren Platz,
daß ein jedes Freiheit hat.
Doch die Freiheit, die es braucht,
mußt du ihm geben.
Nur an deiner Ehrlichkeit
reift es zur Persönlichkeit.
Alle Freiheit, die du hast,
braucht es zum Leben.

Gebt den Kindern ihren Platz,
daß ein jedes Träume hat,
doch die Träume, die es braucht,
mußt du ihm geben.
Daß es mit dir träumen kann,
laß es nah an dich heran.
Alle Träume, die du hast,
braucht es zum Leben.

Gebt den Kindern ihren Platz,
daß ein jedes Liebe hat,
doch die Liebe, die es braucht,
mußt du ihm geben.
Es braucht deine Zärtlichkeit,
Sehnsucht und Geborgenheit.
Alle Liebe, die du hast,
braucht es zum Leben.

Gebt den Kindern ihren Platz,
daß ein jedes Frieden hat,
doch den Frieden, den es braucht,
müssen wir geben.
Fangt darum gemeinsam an,
daß der Frieden wachsen kann.
Schaffe Frieden! Dein Kind
wird ihn weitergeben.

Einer braucht den andern

Manchmal läufst du in die Welt
und von zu Hause fort
und meinst, schon hinterm nächsten
Berg
wär' ein noch schönrer Ort.
Auf einmal dann,
da hältst du an
und denkst. Wie dumm!
Und willst zum Glück
zu mir zurück
und kehrst gleich um.

Manchmal gehst du ganz weit fort,
um dich dort umzusehn.
Und du vergißt vor Staunen gar
zurück nach Haus' zu gehn.
doch irgendwann
da hältst du an
und denkst: Wie dumm!
Und willst zum Glück
nach Haus zurück
und kehrst gleich um.

Wenn du dich verlaufen hast
und weißt nicht aus noch ein
und stolperst vor Verzweiflung gar
noch über Stock und Stein.
Auf einmal dann,
da denkst du dran
und rufst nach mir!
Ich lasse dich
doch nicht im Stich!
Ich komm' zu dir!

Einer braucht den andern,
dann nur ist er froh.
Das ist bei allen Menschen
und bei allen Tieren so.
Ganz allein zu leben,
das hat doch keinen Sinn,
drum brauchst du mich,
und ich brauch' dich,
damit ich glücklich bin.

64

Laßt die Erde leben für die Kinder dieser Welt

Laßt die Erde leben für die Kinder
dieser Welt.
Schützt, was Gott gegeben,
daß die Erde nicht zerschellt.
Euch ist aufgegeben,
daß ein jeder sie erhält.
Laßt die Erde leben
für die Kinder dieser Welt.

Daß auch morgen noch vor
eurem Fenster Bäume stehn,
daß auch morgen Kinder
über grüne Wiesen gehn,
daß das Wasser morgen
noch zu trinken ist und rein,
daß die Saat noch aufgeht
und zur Ernte kann gedeihn.

Laßt die Stunden heute
nicht mehr ungenutzt vergehn.
Es ist nicht die Zeit, um
nur zu stehn und zuzusehn,
daß ihr euren Kindern
in die Augen noch könnt sehn.

Laßt den Haß nicht wachsen,
der euch selber nur verzehrt,
denn ihr ahnt das Ende,
das ihr selber euch beschert.
Ihr habt nicht das Recht, nur
weil die Erde sich nicht wehrt.
Ihr verliert nur alles,
wenn ihr immer mehr begehrt.

5

**Unsre schöne Welt
braucht Liebe**

*All die Freunde
in Wald und Feld*

Dein Garten

Wenn ich deinen Garten sehe,
fang' ich mich zu freuen an.
Und ich weiß, an meiner Freude
ist dein Garten schuld daran.

In dem Schatten deiner Bäume
fang' ich tief zu atmen an.
Und ich weiß, am freien Atmen
ist dein Garten schuld daran.

Wenn ich all die Blumen rieche,
fang' ich leis' zu singen an.
Und ich weiß, an meinem Singen
ist dein Garten schuld daran.

Höre ich das Wasser rauschen,
fang' ich leis' zu lachen an.
Und an meinem stillen Lachen
ist dein Garten schuld daran.

Wenn ich frische Beeren esse,
ist dein Garten schuld daran,
daß ich ehrlich und von Herzen
fröhlich danke sagen kann.

Nehm' ich Abschied von dem Garten,
von den Blumen und dem See,
wünsch' ich mir, daß ich bald wieder
mit dir in dem Garten steh'.

Wegwerfblumen

Dreizehn Blumen auf dem Weg
lagen dort verstreut,
abgerissen,
fortgeschmissen,
mußten sterben heut.
Dreizehn Blumen waren erst
gestern aufgewacht.
Mußten sterben
und verderben
nach der ersten Nacht.

Einen ganzen Winter lang
tief im Land geborgen,
warteten sie unterm Schnee
auf den Frühlingsmorgen.
Als die Sonne endlich konnt'
Licht und Wärme geben,
da erwachte überall
wieder neues Leben.

Es begannen Gras und Klee
wieder neu zu sprießen.
Und die Blumen wollten blühn
auf den grünen Wiesen.
Als die Vögel kehrten heim,
haben froh gesungen,
sind die Knospen gestern früh
freudig aufgesprungen.

Wasser

Gestern früh noch blühten sie,
um uns zu beglücken.
Einer kam und bückte sich,
um sie abzupflücken.

Dreizehn Blumen waren grad'
wieder neu geboren.
Dreizehn Blumen wurden dann
auf dem Weg verloren.

Frisches Wasser, reines Wasser,
so ist's uns gegeben.
Klares Wasser, kühles Wasser,
daß wir davon leben.
Frisch und kühl und klar und rein.
So kann Leben nur gedeihn.
Nehmt das Wasser,
schützt das Wasser,
trinkt und werdet satt.
Teilt, daß jeder
heut und später
gutes, reines Wasser hat.

Fritz, der Fink

(Zum Lesen und Sprechen, zum Pfeifen …
allein und mit mehreren)

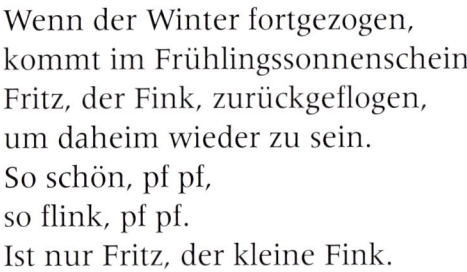

Wenn der Winter fortgezogen,
kommt im Frühlingssonnenschein
Fritz, der Fink, zurückgeflogen,
um daheim wieder zu sein.
So schön, pf pf,
so flink, pf pf.
Ist nur Fritz, der kleine Fink.

Weil es hier ganz in der Nähe
auch ein Finkenmädchen gibt,
höre ich, wenn ich's nicht sehe:
Fritz, der Fink, ist so verliebt!
Charmant, pf pf *(zwei Pfiffe),*
und flink, pf pf,
ist nur Fritz, der kleine Fink.

Wenn sich zwei so bald gefunden,
ist das Leben wunderschön.
Und ich kann sie viele Runden
miteinander fliegen sehn.
So lieb, pf pf,
so flink, pf pf,
ist nur Fritz, der kleine Fink.

Weil die Tage schnell verrinnen,
müssen Bräutigam und Braut,
schon recht bald damit beginnen,
daß ein warmes Nest man baut.
So schlau, pf pf,
so flink, pf pf,
ist nur Fritz, der kleine Fink.

Und so bauen alle beide
hier ihr Nest, ihr kleines Haus,
und sie polstern es voll Freude
warm und ganz gemütlich aus.
Geschickt, pf pf,
und flink, pf pf,
ist nur Fritz, der kleine Fink.

Seht, schon hat die Vogelmutter
Eier in das Nest gelegt.
Sucht der Fritz nach frischem Futter,
brütet sie ganz unentwegt.

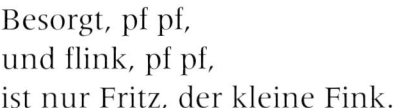

Besorgt, pf pf,
und flink, pf pf,
ist nur Fritz, der kleine Fink.

Immer brüten, gut behüten,
das macht Hunger und macht schlapp.
Darum wechseln sich beim Brüten
beide Finkeneltern ab.
So treu, pf pf,
so flink, pf pf,
ist nur Fritz, der kleine Fink.

Als dann bald die Jungen schlüpfen,
schreien sie vor Hunger sehr.
Da heißt's fliegen, jagen, hüpfen,
denn sie wollen immer mehr.
So schnell, pf pf,
so flink, pf pf,
ist nur Fritz, der kleine Fink.

Wenn die Kleinen größer werden,
kommt's, daß jedes Vogelkind
mit den andern Nestgefährten
seinen ersten Flug beginnt.
So stolz, pf pf,
so flink, pf pf,
ist nur Fritz, der kleine Fink.

Und sie fliegen immer weiter,
machen es den Eltern nach.
Fritz, der Fink, mit Frau und Kindern
machen mich frühmorgens wach.
So froh, pf pf,
so flink, pf pf,
ist nur Fritz, der kleine Fink.

Eh' hier Frost und Kälte wüten,
vor dem allerersten Schnee
machen sie sich auf nach Süden,
und sie sagen mir ade.
So klug, pf pf,
so flink, pf pf,
ist nur Fritz, der kleine Fink.

Schon ist sie davongeflogen
über mir, die Vogelschar.
Ist der Winter eingezogen,
freu' ich mich auf nächstes Jahr.
So schön, pf pf,
so flink, pf pf,
ist nur Fritz, der kleine Fink.

Meine Tante Evelyn

Meine Tante Evelyn
hat einen grauen Hund.
Er liegt in seinem Körbchen drin
und schläft und schnarcht da vor sich hin.
Doch ist er wach, dann macht er Krach
und bleibt vor seiner Leine stehn.
Dann muß die Tante Evelyn
mit ihm spazieren gehn.

Und mein Onkel Eduard
hat eine schwarze Katz.
Sie schleicht im Garten rundherum
und sieht sich nach den Mäusen um.
Dann sucht die Katz sich einen Platz
und putzt sich Pfötchen, Kopf und Bart.
Dann kommt der Onkel Eduard
und streichelt sie ganz zart.

Meine Tante Ursula
hat einen Papagei.
Der sitzt in seinem Käfig drin
und plappert ständig vor sich hin.
Doch öffnet man den Käfig dann,
so flattert er ganz plötzlich los
und fliegt zu Tante Ursula,
setzt sich auf ihren Schoß.

Und mein Onkel Leopold,
der hat ein braunes Pferd.
Er füttert es am Morgen schon,
dann reitet er auf ihm davon.
Hinab, hinauf, lauf, Pferdchen, lauf.
Doch wenn's dem Pferd nicht mehr gefällt,
passiert's, daß Onkel Leopold
vom Pferd herunterfällt.

Wir stehen im Kreis und singen das Lied. Zu dem Text wird dargestellt, was die einzelnen Tiere tun: Der Hund schläft, dann läuft er herum und bellt. Zum Schluß führt ihn einer an der Leine im Kreis herum. Die Spielaufgaben der weiteren Strophen ergeben sich aus dem Text.

So ist mein kleiner Hund

Wenn jemand uns besuchen will
und an der Haustür schellt,
dann regt sich unser Hund gleich auf
und springt herzu und bellt.
Und ängstlich fragt an unsrer Tür
sogar der stärkste Mann:
„Nicht wahr, Sie binden doch vorher
den Bernhardiner an?"
Na und?
Na und?
So ist mein kleiner Hund …
ist es ein kleiner Hund auch bloß,
so ist sein Mut dreimal so groß!
Na und?
Na und?
So ist mein kleiner Hund.

Wenn ich mit ihm spazieren geh',
dann hab' ich es oft schwer.
Er rennt nach allen Seiten hin
und zieht mich hinterher.
Ich halte zwar die Leine fest,
doch das ist gar nicht leicht,
denn will mein Hund woanders hin,
hat er's auch stets erreicht.
Na und?
Na und?
So ist mein kleiner Hund.
Ist es ein kleiner Hund auch bloß,
sein Starrsinn ist dreimal so groß!
Na und?
Na und?
So ist mein kleiner Hund.

Und wünschen wir am Mittagstisch
uns „Guten Appetit!"
Dann kommt der Hund sofort herbei
und fräße gerne mit.
Er springt an unsern Beinen hoch
und bettelt, gauzt und schnappt,
als habe er vier Wochen lang
kein Futter mehr gehabt:
Na und?
Na und?
So ist mein kleiner Hund.
Ist es ein kleiner Hund auch bloß,
sein Hunger ist dreimal so groß!
Na und?
Na und?
So ist mein kleiner Hund.

Doch wenn er richtig müde ist
und nicht mehr toben kann,
dann rutscht mein Hund ganz
nah zu mir
und kuschelt sich dort an.
Wenn ich ihn streichle, hält er still
und drückt sich an mein Bein.
Er schnieft und schnauft vor
Dankbarkeit
und schläft zufrieden ein.
Na und?
Na und?
So ist mein kleiner Hund.
Ist es ein kleiner Hund auch bloß,
vertraut er mir doch grenzenlos.
Na und?
Na und?
So ist mein kleiner Hund.

Du alter Baum

Du alter Baum, du bist mein Freund.
Ich bin so gern bei dir.
Und lehn' ich mich an deinen Stamm,
stehst du fest neben mir.

Ich steige hoch in dich hinein
und schaukel hin und her.
Sag, alter Baum, magst du das auch?
Bin ich dir nicht zu schwer?

In deinem Schatten liege ich
im Sommer gern im Gras.
Wenn's regnet, stehst du über mir.
Da werde ich nicht naß.

Ich habe Angst um dich, mein Freund!
Die Bäume sind in Not,
denn viele Wälder sind so krank
und viele Bäume tot.

Geht es dir gut, du alter Baum?
frag' ich und schau' dich an.
Ich will dich schützen, glaube mir,
so gut ich es nur kann.

Winterschlaf

Der Igel, so besonnen,
der hat längst ungeniert
den Winterschlaf begonnen,
wenn's draußen schneit und friert.
Der Frosch ist auch sehr weise
und schläft längst tief im See.
Ihn stör'n nicht auf dem Eise
die Kinder und der Schnee.

Das Eichhörnchen schläft friedlich
manchmal ein Vierteljahr.
Das ist doch sehr gemütlich,
und es ist wirklich wahr.
Es schläft auch ganz gemächlich
die kleine Haselmaus
und hält es doch tatsächlich
sechs Monate so aus.

Der Hamster legt im Erdschacht
sich Speisekammern an,
damit er, wenn er aufwacht,
auch etwas fressen kann.
In Höhlen und an Decken,
da hängt die Fledermaus.
Sie läßt sich nicht mehr wecken
und hält es gut dort aus.

Am längsten schläft von allen
der Siebenschläfer ein.
Das könnt' mir auch gefallen.
Da sagte ich nicht nein.

Das Murmeltier, nicht prüde,
schläft fast ein halbes Jahr.
jetzt werd' ich auch so müde,
wie ich noch niemals war.

Ich drück' mich in die Ecke
und mach' mich winzigklein
und möcht' wie eine Schnecke
im Haus verschwunden sein.
Ich mach' mir's ganz gemütlich,
weil ich so schläfrig bin,
und schnarche still und friedlich
ganz leise vor mich hin.

Kaum, daß entspannt ich liege,
schon hat mich was erschreckt.
Da hat doch diese Fliege
mich wieder aufgeweckt.
Es ist die freche Fliege,
die schon im Mai so dreist,
und mich, wo ich auch liege,
beharrlich immer beißt.

Wie ich mich dreh' und wende,
wohin ich mich auch leg',
es ist niemals zu Ende,
sie stört mich unentwegt.
Das muß die zähe Fliege
vom letzten Sommer sein.
Weil ich sie doch nicht kriege,
schlaf' ich jetzt endlich ein.

Vorschlag für eine lustige Pantomime:
Du schläfst und wirst immer wieder
von einer Fliege gestört.

Der schwarze Kater Efraim

Gedichte, Balladen
und Legenden
zum Schmunzeln
und Nachdenken

Wer war das?

Wer hat die Schuhe von Mama
ins Tiefkühlfach gestellt?
Und wer hat nur per Telefon
drei Zentner Gips bestellt?
Wer hat die Tante Adelheid
mit Mäusen nachts erschreckt?
Wer hat dem Opa sein Gebiß
im Blumentopf versteckt?
Und wer hat Papas Füller gar
mit Buttermilch gefüllt?

Wer malte Oma einen Bart
auf dem Familienbild?
Wer hat die Waschmaschine dann
mit Ketchup eingeschmiert?
Und wer hat Peters Rechenbuch
mit gelbem Senf verziert?
Wer hat die Apfelsinen nur
ins Gurkenglas gelegt?
Wer hat den Griff vom Küchenschrank
nachts heimlich abgesägt?
Wer hat den Papagei dressiert,
daß er jetzt spanisch spricht?

Wen man auch anspricht oder fragt,
sagt stets: „Ich war das nicht!"
Weil mir's jetzt stinkt, und weil mir's reicht,
frage ich dich: „Warst du's vielleicht?"
Und wenn du nickst, bin ich so frei
und helfe dir demnächst dabei!

Im Kasperletheater

Im Kasperletheater
fängt unser Stück jetzt an.
Es klingelt, Und schon geht darauf
für unser Stück der Vorhang auf.

Im Kasperletheater ist jetzt der Kasper dran.
Er fragt uns: „Seid ihr alle da?"
Da rufen alle Leute: „Ja!"
Im Kasperletheater ist jetzt der Kasper dran.

Im Kasperletheater kommt jetzt die Gretel raus.
Sie kommt aus ihrem Haus heraus
und schaut nach ihrem Kasper aus.
Im Kasperletheater kommt jetzt die Gretel raus.

Im Kasperletheater ist jetzt der Räuber dran.
Er schleicht sich an die Gretel an
und raubt sie, dieser böse Mann!
Im Kasperletheater ist jetzt der Räuber dran.

Im Kasperletheater, da schrein die Kinder laut:
„He, Kasper, deine schöne Braut,
die hat der Räuber grad geklaut!"
Im Kasperletheater, da schrein die Kinder laut.

Im Kasperletheater kommt jetzt der Polizist.
„Den Übeltäter fangen wir!
Lauf, Kasper, lauf! Ich helfe dir!"
Im Kasperletheater kommt jetzt der Polizist.

Im Kasperletheater erscheint das Krokodil.
Da rennt der Räuber. Doch im Nu
schnappt unser Krokodil schon zu.
Im Kasperletheater erscheint das Krokodil.

Im Kasperletheater, da geht's dem Räuber schlecht.
Das Krokodil packt ihn am Bein.
Der Polizist sperrt ihn dann ein.
Im Kasperletheater, da geht's dem Räuber schlecht.

Im Kasperletheater, da feiern wir ein Fest.
Die Großmama bringt Kuchen rein
und lädt uns jetzt zum Kaffee ein.
Der Seppel spielt Akkordeon.
Da tanzt der Polizist auch schon
mit Großmama im Walzerschritt.
Das Kasperle tanzt auch gleich mit.
Da kommt der Pfarrer noch herein,
denn morgen soll schon Hochzeit sein.
Im Kasperletheater, da feiern wir ein Fest ...

Was tat die Katze vorgestern?

Was tat die Katze vorgestern?
Sie suchte nach der Maus.
Jedoch die kleine Maus
ist schlau und kennt sich aus.
Sie blieb den Tag zu Haus
und kam nicht raus.
So sucht' die Katze vorgestern
vergeblich nach der Maus.

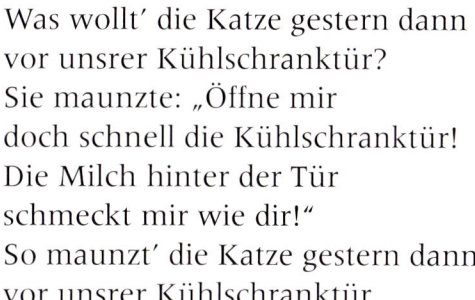

Was wollt' die Katze gestern dann
vor unsrer Kühlschranktür?
Sie maunzte: „Öffne mir
doch schnell die Kühlschranktür!
Die Milch hinter der Tür
schmeckt mir wie dir!"
So maunzt' die Katze gestern dann
vor unsrer Kühlschranktür.

Was ist mit unsrer Katz' heut los?
Wie leckt sie sich das Fell!
Sie will heut ganz allein
die schönste Katze sein.
Drum leckt sie sich so rein
und macht sich fein.
Das ist mit unsrer Katz' heut los!
Drum leckt sie sich das Fell.

Was hat die Katze morgen vor?
Sie schläft und ruht sich aus.
Doch abends will sie raus
und hält es nicht mehr aus
und geht mit Kater Klaus
spät abends aus.
Drum schläft sie morgen lang und ruht
sich für den Abend aus.

Und übermorgen? Was ist dann?
Dann sucht sie nach der Maus.
Jedoch die kleine Maus
ist schlau und kennt sich aus.
Sie bleibt den Tag zu Haus
und kommt nicht raus.
So fängt die Katz' auch übermorgen
wieder nicht die Maus!

Unglücksrabe

Bin ein rechter Unglücksrabe,
weil ich immer Ärger habe.
Andere sind frech.
Ich hab' immer Pech!

Sagt die Mutter: „Morgen gehen
wir zum Zoo, um viel zu sehen!"
Und ich freue mich,
regnet's sicherlich!

Sagt mein Bruder: „Übermorgen
will ich dir mein Fahrrad borgen!"
Habe ich das Rad,
ist der Reifen platt!

Will ich schnell zum Kaufmann laufen
und mir Sahnebonbons kaufen.
Saus' ich los im Nu,
ist der Laden zu!

Will ich Tante Ruth besuchen,
freue mich auf Käsekuchen,
auf Gebäck und Tee,
tut der Zahn mir weh!

Wenn ich mich zum Eis einlade,
Himbeer, Nuß und Schokolade,
trag' es froh nach Haus,
läuft es unten aus!

Kauft mein Vater mir Sandalen,
die mir gar so gut gefallen,
und ich steig hinein,
sind sie mir zu klein!

Sagt die Oma: „Unser Bester
kriegt bestimmt 'ne kleine Schwester!"
Splitternackt kommt dann
noch ein Bruder an!

Möchte noch so viel berichten,
lange lustige Geschichten.
Ach, das ist gemein,
mir fällt nichts mehr ein!

Lachen

Was soll ich nur machen?
Ich muß immer lachen.
ich gebe mir Müh',
doch schaff' ich es nie.
Ich möcht' mich ganz klein und unsichtbar machen,
denn selbst bei den traurigsten, heiligsten Sachen,
wenn alle ganz ernste Gesichter machen,
dann kitzelt's
und witzelt's.
Und dann muß ich lachen.

Mir ist das sehr peinlich.
Und mancher sagt kleinlich,
daß sich das nicht schickt!
Es ist wie verrückt!
Ich bin ja bereit, dagegen zu kämpfen,
den Witz zu verschlucken, mein Lachen zu dämpfen.
Ich denke nur an die traurigsten Sachen.
Schon kitzelt's,
schon witzelt's.
Und dann muß ich lachen.

Hält einer 'ne Rede,
verpatze ich jede.
Ich mache mir Mut:
Ja, diesmal geht's gut!
Kaum stellt sich der Redner richtig in Pose,
entdeck' ich den Senffleck gleich auf seiner Hose.
Wenn er selbst es wüßte, was würde er machen?
Schon kitzelt's,
schon witzelt's.
Und dann muß ich lachen.

Macht einer so richtig
sich mächtig und wichtig
und tut so als ob,
dann macht's bei mir plopp.
Erwartet er, daß ich ihm Ehrfurcht zeige,
ihm dankbar lausche, verlegen nur schweige,
dann fängt es im Bauch bereits an zu krachen.
Schon kitzelt's,
schon witzelt's.
Und dann muß ich lachen.

Im Fall eines Falles,
da reizt mich gleich alles.
Mein Lachen, das stört,
wo's nicht hingehört.
Im Unterricht macht's mir immer zu schaffen.
Es brauchen mich alle nur anzugaffen.
Ich weiß, wenn's passiert, muß ich Strafarbeit machen.
Schon kitzelt's,
schon witzelt's.
Und dann muß ich lachen.

Was sind das für Sachen?
Hör auf, so zu lachen!
Das darf doch nicht sein!
Ich trage dich ein,
damit du dich zu beherrschen lernst!
Dein Name! Zur Sache!
Vergeht dir die Lache?
Dein Name!
Ich pruste
und huste
und sage ganz ernst:
„Ernst!"
Was soll ich denn machen,
wenn jetzt alle lachen?

Es sahen drei Eulen den Weihnachtsstern

Es sahen drei Eulen den Weihnachtsstern
in der eisigen Winternacht.
Da haben sie sich zu dem Weihnachtsstern
und dem Kind im Stall aufgemacht.

Es folgten drei Eulen dem Weihnachtsstern,
doch der Sturm warf sie in den Schnee.
Da blieb bald die kleinste allein zurück
und weinte vor Kummer und Weh.

Es folgten zwei Eulen dem Weihnachtsstern,
fanden bald den Stall in der Nacht.
Da haben sie sich zurück auf den Weg
zur Schwester, der kleinsten, gemacht.

Da fanden die Eulen sie hoffnungslos
und unendlich traurig im Schnee,
die Tränen gefroren zu Eiskristall.
Sie zittert vor Kälte und Weh.

So fliegen drei Eulen noch einmal los
zur Krippe im Stall in der Nacht
und schenkten den Eiskristall dann dem Kind.
Da hat sie das Kind angelacht.

Es sitzen drei Eulen im Dachgebälk
und fassen's nicht, was hier geschieht,
daß dort, wo der Eiskristall grad' noch war,
eine weiße Christrose blüht.

*Frei nach der Geschichte von den drei Eulen
von Else Schank-Anger, Calwer Verlag.*

Die Legende von den Schafen, die Weihnachten verschliefen

Was ist auf dem Hirtenfeld heute nacht geschehen?
Was ist hier geschehn?
Was ist hier geschehn?
Die Schafe, ach, die braven,
die haben nur geschlafen
und haben nichts gesehn.

Wer sah auf dem Hirtenfeld die Engel stehn?
Wirklich Engel stehn!
Wirklich Engel stehn!
Die Schafe, ach, die braven,
die haben nur geschlafen
und haben nichts gesehn.

Wer sah dann die Hirten zu dem Stall schnell gehn?
Wer sah sie dann gehn?
Wer sah sie dann gehn?
Die Schafe, ach, die braven,
die haben nur geschlafen
und haben nichts gesehn.

Hört und seht: Das Wunder ist heut nacht geschehn!
Heut ist es geschehn!
Heut ist es geschehn!
Ihr Schafe, ach, ihr braven,
wärt ihr nicht so verschlafen,
dann hättet ihr's gesehn!

Der schwarze Kater Efraim

Der schwarze Kater Efraim,
der hat es selbst gesehn:
Es klopften arme Leute
an viele Türen heute
und mußten weitergehn.

Wie taten da dem Efraim
die armen Leute leid.
Doch haben sie nach Stunden
den alten Stall gefunden
noch in der Dunkelheit.

Der schwarze Kater Efraim,
der hat in dieser Nacht
erlebt, was da geschehen.
Er hat es selbst gesehen
und hätt' es nie gedacht.

Der schwarze Kater Efraim,
der sah das Kind im Stroh.
Und als die armen Leute
so dankbar und voll Freude,
war auch der Kater froh.

Es konnt' der Kater Efraim
im Stall den Engel sehn.
Da war ein helles Klingen.
Er hört die Engel singen
und konnt' es nicht verstehn.

Da war es um den Efraim
im Stall auf einmal hell.
Er kann es nicht begreifen:
Es glänzt ein Silberstreifen
seitdem in seinem Fell.

Der schwarze Kater Efraim,
der wagt in dieser Nacht
sich nicht einmal zu regen.
Er hat ganz still gelegen
und gab auf alles acht.

Der schwarze Kater Efraim,
der wurde nicht draus schlau.
Doch als die Frau sich bückte,
ihn streichelte und drückte,
da schnurrt' er leis: „Miau!"

Es ist so schwer, ein Held zu sein

Ein jeder möchte viel erreichen,
so viel er nur erreichen kann.
Ich möchte einem Helden gleichen
wie Asterix und Supermann.
Doch immer wieder seh ich ein:
Es ist so schwer, ein Held zu sein!

Wenn ich den Hund vom Nachbarn treffe,
und er kommt immer näher mir,
dann denke ich: Nur zu und kläffe,
ich fürchte mich doch nicht vor dir!
Wenn ich davonlauf', fällt mir ein:
Es ist so schwer, ein Held zu sein!

Ich habe das Diktat verhauen
und ängstlich stehe ich vorm Haus.
Ich möchte mich so gern getrauen
und bring' kein Wort davon heraus.
Man fragt: „Wie steht's?" – Ich sage „Fein!"
Es ist so schwer, ein Held zu sein!

Im Wasser sollt ihr mich erleben,
doch schwimmen kann ich leider nicht.
Denn soll ich nur die Beine heben,
mach' ich ein ängstliches Gesicht
und brülle laut: „O nein! O nein!"
Es ist so schwer, ein Held zu sein!

Vor Weihnachten muß ich stets fragen.
Ich frage alle Leute aus!
„Was krieg' ich? Kannst du es mir sagen?"
Doch keiner rückt damit heraus.
Wär' ich ein Held, ließ ich das sein!
Es ist so schwer, ein Held zu sein!

Im Fernsehn kann ich Krimis sehen.
Das macht mir überhaupt nichts aus.
Doch soll ich in den Keller gehen
allein und durch das dunkle Haus,
dann hab' ich Angst und sage: „Nein!"
Es ist so schwer, ein Held zu sein!

Soll ich mich abends auch noch duschen
– das kalte Wasser ist kein Spaß –,
versuche ich ins Bett zu huschen,
das Wasser ist mir viel zu naß!
Beim Duschen brüll' ich hundsgemein.
Es ist so schwer, ein Held zu sein.

Wenn ich dann endlich schlafen gehe,
und dunkel wird's im Zimmer hier.
Damit ich noch das Flurlicht sehe,
laß einen Spalt breit auf die Tür.
Und ist der Spalt auch noch so klein …
Es ist so schwer, ein Held zu sein!

Ich glaub' nicht an den Osterhasen,
an Klapperstorch und Nikolaus.
Doch geht Knecht Ruprecht durch die Straßen
und klopft gar an bei uns zu Haus,
dann ruf' ich nicht einmal „Herein!"
Es ist so schwer, ein Held zu sein!

Doch heute ist es mir gelungen!
Ja, heute ist es mir geglückt!
Elf Klopse habe ich bezwungen!
Elf Klopse habe ich verdrückt!
Da staunt ein jeder, groß und klein!
Es ist nicht schwer, ein Held zu sein!

Ein jeder möchte viel erreichen,
so viel er nur erreichen kann.
Ich möchte einem Helden gleichen
und fange morgen damit an.
Wenn du was lernen willst, komm rein!
Es ist nicht schwer, ein Held zu sein!

Kinderstadt

Das wäre eine Stadt!
Im Sommer wie im Winter,
'ne Stadt für alle Kinder,
halt eine Kinderstadt,
die echt ein Herz für Kinder hat.
Das wäre meine Stadt!

Fährst du dann mit der Bahn,
dann kostet dich das wenig.
So grade mal zehn Pfennig
ein Kind bezahlen muß.
Die Schaffner sind im Fahrbetrieb
zu Kindern extra lieb.

Viermal in einem Jahr
gibt's Kirmes hier und Rummel.
Und jeder Rummel-Bummel
ist einfach wunderbar!
Die schönsten Karussells der Welt,
und alles ohne Geld!

Zur Bürgermeisterwahl
da dürfen Kinder wählen.
Und ihre Stimmen zählen
so wie die andern all.
Den Kinderbürgermeister dann
erkennt ein jeder an!

Ja, das wär' meine Stadt!
Ja, eine Stadt für Kinder,
die wäre viel gesünder
als jede andre Stadt.
Und jeder hätt' mit Sicherheit
auch für den andern Zeit!

Es dürfen in der Stadt
sonst keine Autos fahren.
Da kommen wir Scharen
und fahren höchstens Rad,
denn seht, es sind die Straßen ja
nur noch zum Spielen da!

Und kaufst du etwas ein,
dann dürfen alle Posten
den halben Preis nur kosten!
Genauso wird es sein!
Pommes frites und Cheeseburger sind
umsonst für jedes Kind.

Zwei Bürgermeister sind
für unsre Stadt das beste.
Da gibt es viele Feste,
denn einer ist ein Kind!
Und jeder gleiche Rechte hat
in unsrer tollen Stadt.

Auf unserm Marktplatz steht
ein Brunnen, um zu baden.
Das kann doch keinem schaden,
wenn hoch die Sonne steht.
Im Winter friert er zu, daß man
dort Schlittschuh laufen kann.

Seite 18: *Kleines Küken, sag mir nun*, aus: R. Krenzer, Als nachts das Kätzchen zu mir kam (unter dem Titel „So viele Mütter"), (c) Verlag Heinrich Ellermann, München 1996.

Seite 38: *Kleines Martinsspiel*, aus: R. Krenzer, Ich freu mich auf die Weihnachtszeit, (c) Verlag Heinrich Ellermann, München 1994.

Seite 44: *Eine alte Nikolauslegende*, aus: R. Krenzer, Ich freu mich auf die Weihnachtszeit, (c) Verlag Heinrich Ellermann, München 1994.

Seite 48: *Da kommen drei Könige*, aus: R. Krenzer, Winterzeit, Kinderzeit, (c) Verlag Ernst Kaufmann, Lahr 1995.

Seite 70: *Fritz, der Fink*, aus: Rolf Krenzer/Martin Göth, Mein dicker roter Luftballon, (c) Lahn Verlag, Limburg 1993.

Seite 76: *Winterschlaf*, aus: R. Krenzer, Kuschel dich ganz nah an mich (unter dem Titel „Wer stört denn da?"), (c) Lahn Verlag, Limburg 1995.

Seite 84: *Unglücksrabe*, aus: R. Krenzer, Als nachts das Kätzchen zu mir kam, (c) Verlag Heinrich Ellermann, München 1996.

Die Urheberrechte für alle übrigen Texte liegen beim Autor.